Este livro é dedicado a Brendan

PARKINSON

Alan M. Hultquist

PARKINSON

Como Entender e Conviver com a
DOENÇA DE PARKINSON

Um guia prático e esclarecedor para familiares, acompanhantes, cuidadores, amigos e técnicos de saúde

***m*.**Books

M.Books do Brasil Editora Ltda.

Rua Jorge Americano, 61 - Alto da Lapa
05083-130 - São Paulo - SP - Telefones: (11) 3645-0409/(11) 3645-0410
Fax: (11) 3832-0335 - e-mail: vendas@mbooks.com.br
www.mbooks.com.br

Dados de Catalogação na Publicação

HULTQUIST, Alan M.
Parkinson: Como Entender e Conviver com a Doença de Parkinson/ Alan M. Hultquist
2014 – São Paulo – M.Books do Brasil Editora Ltda.

1. Psicologia   2. Psicoterapia   3. Medicina e Saúde   4. Enfermagem

ISBN: 978-85-7680-240-2

Original publicado em inglês pela Jessica Kingsley *Publishers*
Título original: Can I tell you about Parkinson's Disease? A guide for family, friends and carers.
© 2013 Jessica Kingsley Publishers
© 2014 M.Books do Brasil Editora Ltda.

Editor
Milton Mira de Assumpção Filho

Tradução
Jorge Ritter

Produção editorial
Lucimara Leal

Coordenação gráfica
Silas Camargo

Capa e Editoração
Crontec

2014
Proibida a reprodução total ou parcial.
Os infratores serão punidos na forma da lei.
Direitos exclusivos cedidos à
M.Books do Brasil Editora Ltda

Agradecimentos

Gostaria de agradecer a meus antigos colegas Liz Audette e aos maravilhosos J. e Nancy Roberts James. Eles leram um projeto inicial de outro manuscrito sobre o mesmo tema e proporcionaram o encorajamento que me manteve trabalhando. Também gostaria de agradecer a minha amiga de longa data Robin Stander por sua ajuda em aprontar o texto final.

Um agradecimento especial vai para Diane L. Church, PhD, do *Dartmouth-Hitchcock Medical Center* (DHMC). Enviei um e-mail para a *New Hampshire American Parkinson Disease Association Information and Referral Center* no DHMC, perguntando se alguém se disponibilizaria a conferir um projeto inicial. A Dra. Church respondeu imediatamente e me deu um retorno em poucas horas com sugestões, comentários e respostas às perguntas. Obrigada por responder ao pedido de uma completa estranha para que lesse o seu manuscrito. Não sei se você se dá conta de quão rara e valiosa foi sua resposta para essa situação.

Meu marido, Brendan Hadash, esteve ao meu lado durante todo esse processo. Ele não fazia ideia de onde estava se metendo quando nos conhecemos em 1983. Além do seu amor e apoio, sua ajuda com este livro foi inestimável.

Por fim, embora as pessoas tenham feito comentários e sugestões sobre o manuscrito, a responsabilidade pelo conteúdo final, incluindo quaisquer erros e omissões, é inteiramente minha.

Este livro não tem o propósito de substituir uma consulta médica. Existem muitas condições que podem parecer com a Doença de Parkinson. Qualquer diagnóstico e tratamento deve ser feito por um profissional qualificado e licenciado.

Sumário

Apresentando David, que Tem a Doença de Parkinson, 10

A Doença de Parkinson é um Problema Médico, 12

Tremores, 14

Movimentos Lentos e Músculos Rijos, 16

Equilíbrio, 18

Congelamento, 20

Memória, 22

Organização, 24

Sono, 26

Os Tratamentos Não São Perfeitos, 28

Exercício e Atitude Positiva, 30

Sentimentos e Dor, 32

Como as Pessoas Podem Ajudar, 34

Mais Informações sobre a Doença de Parkinson, 38

Glossário, 46

Organizações Recomendadas, 52

APRESENTANDO DAVID, QUE TEM A DOENÇA DE PARKINSON

Quando nos encontramos pela primeira vez, talvez você não tenha notado que há coisas a meu respeito que são diferentes de outros adultos. Mas após alguns minutos, você provavelmente começará a ver que caminho e me mexo de maneira um pouco diferente do que é esperado. Assim como todo mundo, pessoas com Doença de Parkinson (DP) são indivíduos, e essa condição afeta cada pessoa de modo diferente. Então, alguns adultos com Parkinson serão como eu em certos aspectos, mas não em outros. Ter Parkinson significa que não faço algumas coisas tão bem como costumava fazer. Meus principais problemas são em relação a memória, organização, sono e controle motor. Mas ainda consigo fazer outras atividades sem dificuldade. A facilidade para fazer algo depende de a minha medicação estar adequada ou não.

A DOENÇA DE PARKINSON É UM PROBLEMA MÉDICO

A DOENÇA DE PARKINSON É UM PROBLEMA MÉDICO

O corpo de todas as pessoas é formado por células muito pequenas. Eu tenho Parkinson porque algumas células do meu cérebro morreram. Essas células costumavam produzir um dos agentes químicos que o meu cérebro precisa para comunicar-se com meu corpo. Sem a quantidade suficiente desse agente químico, torna-se mais difícil para meu cérebro funcionar de maneira adequada e dizer ao meu corpo o que fazer.

Eu comecei a apresentar os sintomas com quarenta e poucos anos, e uma médica me disse que eu estava com DP quando eu tinha cinquenta anos. Ela procurou por quatro sinais ou sintomas para descobrir que eu tinha DP. Esses sintomas são tremores, movimento lento, rigidez muscular e dificuldade de equilíbrio. Mas a DP também pode causar muitos outros problemas.

A Doença de Parkinson se agrava com o passar dos anos. Vejamos algumas das coisas que faço para permanecer ativo ao longo do tempo.

É importante que você saiba que não é possível pegar DP da mesma maneira como se contrai resfriado ou gripe. Você pode me cumprimentar e compartilhar objetos com quem tem Parkinson, e você não pegará a doença.

TREMORES

TREMORES

O tremor é um dos sinais mais comuns da Doença de Parkinson, mas nem todas as pessoas com Parkinson tremem.

Eu soube pela primeira vez que precisava ver um médico quando minha mão direita começou a tremer quando eu não a estava usando ativamente. No começo, minha mão tremia apenas ocasionalmente, mas com o passar dos anos, ela começou a tremer com mais frequência. O remédio que eu tomo agora ajuda, mas se eu não tomá-lo, minha mão direita tremerá o tempo inteiro enquanto estiver acordado. Entretanto, mesmo quando tomo a medição, minha mão ainda treme se estou nervoso, preocupado, bravo, muito feliz ou empolgado. Minhas pernas, a mão esquerda e a cabeça às vezes tremem também.

Usar ativamente a mão faz parar. Então, ela pode tremer quando estou caminhando ou segurando um livro, mas não quando estou pintando ou usando o teclado. Se minha mão estiver tremendo por qualquer razão, posso fazê-la parar brincando com algo, como uma moeda ou uma bolinha. Entretanto, tão logo eu pare de usar ativamente a mão, o tremor começa de novo.

MOVIMENTOS LENTOS E RIGIDEZ MUSCULAR

Meus músculos não se movimentam facilmente. Portanto, não caminho tão rápido como costumava caminhar e não dou passos largos. Nem sempre levanto meus pés também. Em vez disso, às vezes os arrasto. Caminhar não é algo que a maioria das pessoas tenha de pensar para fazer. Mas se eu quiser caminhar corretamente, tenho de pensar comigo mesmo: "David, levante os pés e tenha cuidado onde pisa". Também não balanço meus braços quando caminho, a não ser que eu pense: "David, lembre-se de balançar os braços".

Embora eu tenha dificuldade para caminhar, ainda posso andar de bicicleta. Os médicos acham que padrões uniformes, regulares, como os do ciclismo, facilitam a movimentação de alguém com DP. Talvez seja essa a razão por que eu caminho melhor quando ouço o ritmo de um metrônomo ou a uma música com uma batida bem marcada.

Meus outros músculos também estão rijos e com dificuldade de se mover. Eu pisco com menos frequência que a maioria das pessoas. Minha caligrafia agora é pequena e difícil de ler. E a expressão do meu rosto parece a mesma, não importa se estou feliz ou triste.

Eu ajudo meus músculos a permanecerem flexíveis fazendo alongamentos e outros exercícios todos os dias.

EQUILÍBRIO

EQUILÍBRIO

A maioria das pessoas não precisa se preocupar com quedas. Seus cérebros sabem como manter seus corpos firmes, não importa o que elas estejam fazendo. Eu costumava ser assim também, mas agora posso sofrer uma queda facilmente.

Eu posso perder meu equilíbrio quando me viro, fico de pé, me inclino, coloco um casaco ou simplesmente quando faço qualquer movimento. Talvez eu caia também se alguém esbarrar em mim. Meu cérebro simplesmente tem dificuldade em dizer ao meu corpo para me manter firme o tempo inteiro.

Eu também posso perder o equilíbrio quando estou caminhando. Quando isso acontece, eu me inclino para frente e dou passos curtos e rápidos. Normalmente termino caindo.

Como meu equilíbrio não é mais o mesmo, não uso mais banquinhos ou escadas, e sempre me seguro no corrimão quando uso a escadaria de um prédio. Tento pensar sobre a minha postura e lembrar a mim mesmo de ficar ereto. Às vezes também uso uma bengala ou um apoio para caminhar a fim de evitar quedas, especialmente se o terreno é irregular ou escorregadio.

CONGELAMENTO

CONGELAMENTO

Eu posso estar caminhando normalmente e então, sem aviso algum, meus pés não se mexem mais. Isso pode acontecer quando há uma mudança em minha rota, quando preciso dobrar uma esquina, passar pelo vão de uma porta ou caminhar por um espaço estreito. Ou quando o piso muda de madeira para tapete, por exemplo, ou tenha algo em meu caminho. Eu posso ver a mudança prestes a acontecer, mas meu cérebro não consegue dizer para o meu corpo como me ajustar a ela, então meus pés simplesmente param. Os médicos chamam isso de "congelamento".

De vez em quando, se espero por alguns segundos, meus pés "descongelam". Mas normalmente eu tenho de usar de um truque para pô-los em movimento. Eu posso fingir que há algo no chão para passar por cima, ou deslocar meu peso de um lado para o outro antes de dar um passo para frente. Eu posso dizer "1-2-3 e vai" e então começar a caminhar, ou cantarolar uma canção e me mexer acompanhando a música. Eu posso imaginar alguém marchando, e então fazer com que meu corpo acompanhe esse movimento. Ou posso mover outra parte do meu corpo antes de tentar mover os pés.

MEMÓRIA

MEMÓRIA

Às vezes tenho dificuldade de lembrar as palavras que quero dizer. Eu não as esqueci, mas elas se perderam em minha mente e tenho de procurar por elas. Quando isso acontece, normalmente paro de falar no meio de uma frase. Também, quando alguém me faz uma pergunta, às vezes eu não respondo prontamente, pois tenho de pensar primeiro.

Tenho dificuldade de me lembrar do que estou fazendo se eu tentar realizar atividades demais ao mesmo tempo. Por exemplo, se eu colocar a roupa suja na máquina de lavar e então ir às compras, alguns dias podem se passar antes que eu me lembre de estender as roupas no varal.

Eu procuro superar meus problemas de memória concentrando-me em fazer somente uma coisa de cada vez. Também mantenho uma pequena agenda em meu bolso de maneira que eu possa anotar coisas que precise me lembrar. E uso um relógio de pulso que vibra para me lembrar quando tenho de tomar meus remédios.

ORGANIZAÇÃO

ORGANIZAÇÃO

Se tenho algumas coisas para fazer, posso encontrar dificuldade no planejamento. Tudo melhora se tenho uma programação consistente, mas isso nem sempre é possível. No trabalho, eu me reúno com minha chefe todas as manhãs para planejar o dia de trabalho. Ela também confere comigo de vez em quando se está indo tudo bem. Minha família me ajuda do mesmo modo em casa.

Se estiver trabalhando em uma tarefa e uma pessoa me interromper para fazer uma pergunta ou precisar de mim para ajudá-la com algo, eu posso ter dificuldade em retomar o que estava fazendo. Quando isso acontece, preciso de um "empurrão" mental para retomar o que estava fazendo. Às vezes, consigo dar esse empurrão sozinho, mas outras vezes preciso da ajuda de outra pessoa para retomar o trabalho. E às vezes preciso voltar ao início do projeto que estava fazendo e começar do zero.

SONO

SONO

Muitas vezes sinto dificuldade para dormir devido a uma condição chamada "pernas inquietas". Tenho sensações desagradáveis nas minhas pernas que só passam se eu movê-las. Infelizmente, as sensações voltam tão logo eu pare. Não consigo dormir, pois preciso manter minhas pernas em movimento o tempo inteiro.

Às vezes acordo por causa de câimbras dolorosas em meus pés. Também tenho sonhos muito reais. Quando eles acontecem, eu me mexo na cama como se estivesse atuando nos sonhos. Não chego a acordar, mas esse tipo de sono não é restaurador.

Os remédios que tomo para o Parkinson também interferem no sono. A intenção não é fazer isso, evidentemente mas acontece assim mesmo. Quando os remédios fazem algo inesperado, isso é chamado de "efeito colateral".

Uma maneira de dormir é melhor exercitar bastante durante o dia, relaxar em um banho quente antes de ir dormir, meditar, ouvir músicas relaxantes e ir para a cama e acordar sempre na mesma hora todos os dias. Também existem remédios que ajudam a dormir.

OS TRATAMENTOS NÃO SÃO PERFEITOS

OS TRATAMENTOS NÃO SÃO PERFEITOS

Como a DP evolui com o passar dos anos, há momentos em que estou "on" e outros que estou "off". Os momentos em que estou "on" ocorrem quando os remédios estão funcionando bem. Quando estou "on", posso passar a impressão de que não tenho problema algum. Quando estou "off", começo a tremer subitamente, meu rosto fica inexpressivo, e meu caminhar fica lento. Momentos "off" acontecem quando o efeito dos remédios está passando ou eles não estão funcionando tão bem quanto deveriam. Como eu tomo pílulas para a DP a cada três horas, há momentos do dia em que vario entre "on" e "off".

Ter muitos remédios atuando em cérebro rápido demais também pode causar problemas. Quando isso acontece, partes do meu corpo começam a se torcer, dobrar e mover de maneira que não consigo controlar. Isso para após o cérebro ter absorvido parte da medicação.

Meu médico e eu trabalhamos juntos para ter certeza de que estou tomando a quantidade certa de remédio nos momentos certos do dia. Nós nos encontramos regularmente para falar sobre minha reação aos remédios e para fazer mudanças na medicação.

EXERCÍCIO E ATITUDE POSITIVA

EXERCÍCIO E ATITUDE POSITIVA

Uma das coisas mais importantes que eu faço todos os dias é exercitar-me. Uso uma esteira e faixas elásticas para me manter em forma. Faço alongamentos e ioga para ajudar a evitar que meus músculos fiquem rijos demais. Também faço Tai Chi Chuan para trabalhar o equilíbrio, a força, a coordenação e os movimentos.

Passo um tempo todos os dias exercitando meu cérebro. Jogo cartas. e faço atividades com números e palavras cruzadas. Também gosto de solucionar problemas de lógica.

Não deixo que a DP me impeça de fazer as coisas que tenho vontade. Caminho até uma loja, saio para jantar com amigos e ir ao cinema. Também gosto de viajar e visitar lugares novos.

Procuro os aspectos positivos da vida e encaro a DP com bom humor. Por exemplo, se sofro uma queda caminhando no jardim, faço uma piada dizendo que consigo tropeçar até em uma folha da grama. Também, se não consigo mais fazer algo do jeito como fazia, procuro encontrar uma maneira diferente de consegui--lo. Não deixo que a DP me deprima.

SENTIMENTOS E DOR

SENTIMENTOS E DOR

Quando o médico me disse que eu tinha DP, fui pego de surpresa, porque ninguém mais em minha família tem esta doença. Também fiquei preocupado porque ele disse que não havia cura e que a DP se agravaria com o passar do tempo. Às vezes, eu ficava triste porque meu futuro não seria como eu havia esperado que fosse. Ainda me sinto frustrado ocasionalmente quando não consigo fazer as coisas tão bem quanto gostaria.

Muitas vezes as pessoas perguntam se a DP provoca dores. A resposta é tanto "sim" quanto "não". Em um primeiro momento, eu não senti dor alguma, mas agora quando meus músculos ficam rijos sinto dores. Às vezes tenho câimbras musculares dolorosas nos meus pés. Meus olhos ficam secos e ardem muitas vezes porque não pisco mais suficientemente. As pernas inquietas que me deixam acordado à noite também são um tipo de dor. Então o Parkinson às vezes provoca dor e às vezes não.

Eu frequento um grupo de apoio para pessoas com Parkinson e falamos sobre como é conviver com a doença. Poder falar com outras pessoas que têm a DP ajudou-me a olhar para o Parkinson de maneira positiva e a me sentir bem a respeito de mim mesmo.

COMO AS PESSOAS PODEM AJUDAR

COMO AS PESSOAS PODEM AJUDAR

Veja a seguir algumas das maneiras de ajudar uma pessoa que tem a Doença de Parkinson.

COMO VOCÊ PODE AJUDAR

- Pergunte à pessoa com DP se quer ajuda antes de fazer algo por ela.
- Não tente apressá-la. Seja paciente e compreensivo quando ela estiver "congelada", lenta ou esquecida.
- Quando uma pessoa com DP congela, não a force a se mover. Você pode encorajá-la a usar alguns dos truques que mencionei antes. Também pode dar um toque sobre o sapato dela, ou usar um *laser* para fazer um ponto de luz no chão bem em frente aos seus pés de maneira que a pessoa tenha algo seguro para tentar pisar. Se a pessoa com DP congela frequentemente nos mesmos lugares em casa, como quando ela se aproxima de vãos de portas, tente colocar tiras horizontais de fita adesiva colorida sobre o chão. A cor das linhas deve contrastar claramente com a cor do chão, de maneira que elas possam ser vistas facilmente. Você deve buscar a ajuda de um terapeuta para ter certeza de que as tiras sejam colocadas adequadamente.
- Quando uma pessoa com DP está falando com você, olhe para ela e desligue a, TV ou o *videogame* de maneira que ela possa se concentrar melhor.
- Aprenda a manobra de Heimlich, porque algumas pessoas com Parkinson têm problemas para engolir e podem se engasgar com a comida.

- Se a pessoa cai muito, segure-a pelo braço quando estiver caminhando.
- Espere até que ela termine o que está fazendo antes de interrompê-la.
- Ajude a pessoa com Parkinson a se manter ativa. Convide-a para caminhar, nadar ou praticar outro esporte com você. Também a convide para fazer coisas divertidas, como participar de jogos, ir ao cinema, ir a um restaurante ou visitar um museu.
- Ajude a pessoa com DP com tarefas como jardinagem e afazeres em geral.
- Pergunte o que ela gostaria de fazer, e então façam juntos.
- Trate a pessoa com Parkinson como trataria outra pessoa qualquer.

COMO OS FAMILIARES PODEM AJUDAR

- Encoraje a pessoa com a Doença de Parkinson a ser o mais independente possível.
- Torne a sua casa mais segura, reduzindo o acúmulo de coisas e tirando tapetes e outros objetos em que a pessoa com DP possa tropeçar. Crie caminhos em linha reta, e instale barras de apoio laterais e barras de segurança verticais, assim como outras medidas auxiliares quando necessário.
- Não aborreça a pessoa com Parkinson. Por exemplo, não fique dizendo para ela se endireitar, levantar os pés ou falar mais alto.

- Participe de um grupo de apoio para pessoas com DP e suas famílias. Esses são bons lugares para receber conselhos, aprender sobre tratamentos, compartilhar histórias, rir, fazer perguntas e novos amigos. Você também pode conversar com um terapeuta profissional.
- Fale abertamente sobre os problemas com a doença.
- Se a pessoa com DP tem uma memória ruim, lembre-a de anotar as coisas, faça uma lista de "tarefas" para ela, passe uma atividade para fazer de cada vez e tente se certificar de que ela tenha uma programação consistente.
- Faça companhia para a pessoa com DP em seus exercícios todos os dias. Não apenas lembre-a de exercitar-se, mas faça os exercícios com ela.

COMO OS ACOMPANHANTES DE UMA PESSOA COM DP PODEM AJUDAR

- Vá às consultas médicas com a pessoa que tem Parkinson, assim você poderá fazer perguntas e tomar notas.
- Acompanhe-a nas consultas ao terapeuta ocupacional ou fisioterapeuta para aprender como ajudá-la.
- Encontre um tempo para si mesmo. Você precisa estar descansado e se sentindo bem se quiser ajudar a pessoa com DP.
- Certifique-se de que você tenha uma pessoa que possa ligar caso necessite de ajuda.
- Esteja aberto a aceitar apoio, quando amigos e familiares o oferecerem.

MAIS INFORMAÇÕES SOBRE A DOENÇA DE PARKINSON

MAIS INFORMAÇÕES SOBRE A DOENÇA DE PARKINSON

Há muitas coisas que você pode aprender sobre a Doença de Parkinson. Vejamos algumas.

- A DP é assim chamada em homenagem a James Parkinson, médico inglês que viveu há aproximadamente 200 anos. Ele não tinha DP, mas escreveu um artigo que descrevia algumas pessoas com os sintomas físicos da doença.
- Aproximadamente três em cada mil pessoas têm Parkinson. Em torno de 7 a 10 milhões de pessoas no mundo todo têm Parkinson.
- A DP normalmente começa depois dos 50 anos, mas de acordo com a *The Encyclopedia of Parkinson's Disease* (Mosley, Romaine e Samii, 2010), aproximadamente 5 a 10% das pessoas com DP a desenvolvem mais cedo do que isso.
- O *início do Parkinson em adultos jovens* começa entre 20 e 40 anos de idade. Entretanto, algumas pessoas estendem esse limite de idade para os 50 anos.
- O *início precoce* da DP começa antes que uma pessoa complete 20 anos de idade, mas isso é muito raro.
- Algumas pessoas com Parkinson herdam a doença de um dos pais, mas a maioria delas não tem um membro da família próximo com a doença.
- A Doença de Parkinson desenvolve-se de maneira muito diferente de uma pessoa para a outra. Os médicos não conseguem prever quão rápido a doença vai progredir ou qual dos muitos problemas que acompanham a DP a pessoa terá.

- Os sintomas físicos da DP aparecem primeiro em um lado do corpo. Após alguns anos, eles também aparecem do outro lado, mas normalmente não são tão intensos.
- O exercício diário é importante para todas as pessoas com DP. Ele ajuda o cérebro a funcionar melhor e pode ajudar a desacelerar a velocidade de progressão dos sintomas físicos.
- Alguns países têm leis exigindo que os empregadores façam ajustes de maneira que as pessoas com necessidades especiais, como alguém com Parkinson, possam continuar trabalhando.

OS PRIMEIROS SINAIS DA DOENÇA DE PARKINSON

- Os médicos não conseguem diagnosticar a DP até que os sintomas físicos apareçam. Entretanto, a maioria das pessoas com Parkinson tem outras dificuldades bem antes de eles surgirem.
- Os sintomas iniciais da DP incluem distúrbios de memória, organização, concentração, encontrar palavras e sono.
- Para muitas pessoas, um sinal inicial da DP é a perda do sentido do olfato.
- Nem todas as pessoas que têm esses problemas desenvolverão Parkinson.
- De acordo com a *The Encyclopedia of Parkinson's Disease* (Mosley, *et al.* 2010), esses sintomas podem ter períodos "on" e "off" da mesma maneira que os sintomas físicos.

A RIGIDEZ MUSCULAR PODE CAUSAR UMA SÉRIE DE PROBLEMAS

Viver com Parkinson pode ser desafiador por que a rigidez muscular dificulta a realização de muitas atividades, como as quatro mencionadas anteriormente: caminhar, piscar, escrever e demonstrar expressões faciais. Entretanto, a rigidez pode afetar também cada músculo do corpo.

- A rigidez pode:
  - dificultar atividades simples, como abotoar roupas, amarrar cadarços, sair da cama, comer, pentear o cabelo, escovar os dentes e fazer outras coisas que as tornam independentes.
  - comprometer o movimento dos olhos, e isso pode tornar a leitura e a direção difíceis.
  - dificultar a deglutição de alimentos.
- A rigidez muscular pode fazer com que a comida passe muito lentamente pelo estômago e intestinos. Isso pode dificultar a ingestão suficiente de alimentos. Também pode causar constipação.
- A rigidez dos músculos do tórax podem dificultar a respiração correta.
- Como é mais difícil para as pessoas com Parkinson se deslocarem, e como muitas vezes precisam pensar sobre o que querem que o corpo faça, elas podem se cansar facilmente.

A DOENÇA DE PARKINSON PODE AFETAR TODO O CORPO

Quanto mais tempo uma pessoa tiver Parkinson, mais partes do corpo podem ser afetadas pela doença. A DP pode:

- fazer uma pessoa tremer por dentro, assim como fazer suas mãos, pernas e sua cabeça tremerem.
- fazer com que uma pessoa sue em demasia ou muito pouco.
- fazer com que a pessoa sinta necessidade de urinar com frequência.
- dificultar a manutenção de uma temperatura corporal consistente, de maneira que ela possa estar quente demais às vezes e muito fria em outros momentos.
- causar erupções na pele ou deixá-la seca ou oleosa demais.
- causar problemas de visão. Algumas pessoas com DP têm visão dupla ou embaçada. Outras têm dificuldade em ver quando a luz está fraca. Há aquelas que não conseguem ver um objeto se ele for quase da mesma cor que o fundo. Por exemplo, enxergar um prato branco sobre uma toalha de mesa branca. E algumas pessoas com Parkinson veem objetos que não estão realmente ali.
- fazer com que pensamentos e reações sejam lentos. Além de causar dificuldade em tomar decisões.
- fazer com que as pessoas se desinteressem pelas atividades, mesmo as mais divertidas. Além de causar problemas de depressão e ansiedade.

- causar problemas no controle das emoções, de maneira a provocar riso ou choro nos momentos impróprios.

COMO OS MÉDICOS PODEM AJUDAR

Não existe ainda uma cura para a Doença de Parkinson, mas existem maneiras de os médicos ajudarem.

- Em um primeiro momento, o médico normalmente receita pílulas para tomar algumas vezes por dia. Essas pílulas controlam os sintomas físicos. Entretanto, como o Parkinson piora com o passar dos anos, a pessoa precisa tomar mais pílulas com mais frequência. Dependendo da idade em que ela desenvolveu a DP, eventualmente o médico precise buscar outros tratamentos.
- Um desses outros tratamentos é um adesivo que se coloca no corpo. Ele é do tamanho de uma bandagem grande ou emplastro que adere ao corpo. O adesivo contém a medicação, e o corpo da pessoa a absorve através da pele. As pessoas que usam esse adesivo precisam trocá-lo todos os dias.
- Outro tratamento envolve ter um pequeno tubo inserido no abdome. O tubo conecta-se a uma pequena bomba presa à cintura. O tubo e a bomba mantêm um fluxo constante de medicação entrando nos intestinos. As pessoas que usam esse tratamento não usam a bomba quando estão dormindo.
- Às vezes os médicos realizam uma cirurgia no cérebro. O médico coloca um dispositivo elétrico mi-

núsculo no cérebro do paciente. Esse dispositivo é conectado a uma bateria pequena e um chip de computador no peito da pessoa através de um fio muito fino que corre por baixo da pele. Assim, um pulso elétrico é enviado para o cérebro da pessoa para ajudá-la a parar de tremer e para se movimentar com mais facilidade. Algumas pessoas têm dois dispositivos e baterias, um para cada lado do corpo. A a bateria deve ser substituída com alguns anos de uso.
- Muitos pesquisadores estão trabalhando para viabilizar tratamentos novos, de maneira que outras abordagens possam surgir em seguida.

OUTRAS MANEIRAS DE AUXILIAR PESSOAS COM DP

Os médicos não são os únicos que podem ajudar pessoas com a Doença de Parkinson.
- Fisioterapeutas também podem ajudar as pessoas com Parkinson a se movimentar em melhor. O fisioterapeuta também pode desenvolver um programa de exercícios que foque habilidades específicas ou que trabalhe o preparo físico geral, como a melhoria da força, da resistência e da flexibilidade.
- Terapeutas ocupacionais (ou TOs) ajudam as pessoas com DP a se tornarem independentes. Um TO pode mostrar maneiras novas de realizar tarefas diárias (como tomar banho e se vestir), e ir até a casa para ajudar a ver quais mudanças precisam ser feitas de maneira que o paciente possa continuar a viver ali e tornar sua rotina mais segura. O terapeuta

ocupacional também pode fazer sugestões para melhorar o local de trabalho do paciente.
- Fonoaudiólogos ajudam as pessoas com Parkinson quando elas têm problemas para falar, respirar, engolir ou usar comunicação não-verbal, como expressões faciais.
- Especialistas em abordagens complementares, que também são peritos em Parkinson, podem ajudar a aliviar os sintomas de alguns pacientes. Abordagens complementares são usadas além das abordagens mais tradicionais e podem incluir tipos específicos de massagens, ioga, exercícios de concentração e outras modalidades de meditação ou relaxamento, assim como Tai Chi Chuan, juntamente com terapias musicais, dança e arte. É importante falar com o neurologista antes de começar qualquer tipo de tratamento complementar.
- Cães de assistência (ou cães de serviço) podem ser uma grande ajuda para algumas pessoas com Parkinson. Esses cães recebem um treinamento especial e usam um arreio com uma alça para a pessoa com DP poder se segurar. Isso a ajuda a manter o equilíbrio e a ficar em pé. Se a pessoa cair, esses cães treinados sabem onde se posicionar para que a pessoa com DP possa se apoiar neles se colocarem de pé. Cães de assistência também podem ajudar com atividades diárias, como pegar coisas, acender luzes e abrir portas. Eles podem aprender até quando e como apertar um botão de chamada de emergência. E como os cães precisam passear todos os dias, eles ajudam a pessoa com DP a se exercitar.

GLOSSÁRIO

GLOSSÁRIO

Veja a seguir uma lista com palavras mais comuns relacionadas à doença de Parkison.

Agonista: uma espécie de medicação usada para DP. Há muitos agonistas diferentes. O cérebro os trata como se fossem *dopamina*.

Alucinação: ver, ouvir, provar, sentir ou cheirar algo que não está realmente ali.

Amantadina: uma medicação que foi usada pela primeira vez para a gripe, mas que agora também é usada para a DP. Os médicos acreditam que ela ajude o cérebro a produzir mais *dopamina*.

Bradicinésia: movimento lento.

Bradifrenia: pensamento lento.

Cardidopa: uma medicação que ajuda a *levodopa* a funcionar melhor.

Cognitivo: tem a ver com o pensamento. Dificuldades com a memória e a organização fazem parte das *debilitações* cognitivas que acompanham a DP.

Comportamentos impulsivos: movimentos que acontecem sem se pensar a respeito deles primeiro. Um efeito colateral de algumas medicações para DP é o desenvolvimento de comportamentos impulsivos como o jogo, consumir e comer compulsivamente e por aí afora.

Congelamento: não conseguir se mexer quando você quer.

Crônico: algo que dura um longo tempo. DP é uma doença crônica.

Debilitado, debilitação: a pessoa se sente mais fraca ou pior. A DP dificulta a capacidade da pessoa caminhar, se mexer e pensar.

Degenerativo: aquilo que pior a com o passar do tempo. A DP é uma doença degenerativa.

Discinésia: movimentos corporais involuntários (como a pessoa torcer-se ou balançar-se) que acontecem quando há demasia de *levodopa* entrando no cérebro.

Disfagia: dificuldade em engolir.

Distonia: espasmos e câimbras musculares dolorosas.

Dopamina: um agente químico (ou *neurotransmissor*) que o cérebro precisa para funcionar de maneira adequada. O cérebro usa a dopamina para ajudar o corpo a se movimentar suavemente. Outros *neurotransmissores* também estão envolvidos na DP.

Especialista em distúrbios do movimento: um *neurologista* que trabalha com pessoas que têm dificuldade em se movimentar de maneira adequada, como aquelas com DP.

Estimulação cerebral profunda: um tratamento para DP no qual os médicos colocam um pequeno eletrodo no cérebro da pessoa e o conecta a uma bateria no seu peito.

Fadiga: a pessoa com DP sente como se os seus braços e pernas estivessem mais pesados, ou uma forte sensação de falta de energia.

GLOSSÁRIO

Festinação: inclinar-se para frente e caminhar subitamente com passos curtos e cada vez mais rápidos, o que normalmente leva a uma queda.

Gânglio da base: a parte do cérebro em que a *substância negra* está localizada.

Hipofonia: voz suave e fraca.

Hipotensão ortostática: queda brusca na pressão sanguínea quando uma pessoa se coloca de pé. Pode causar tontura, vertigem ou desmaio.

Idiopática: doença que acontece por razão desconhecida. Na maioria das vezes a DP é idiopática, pois a maioria das pessoas não a herda dos seus pais.

Inibidores COMT: tipo de medicação que ajuda a *levodopa* a ter um efeito mais duradouro.

Insônia: muita dificuldade em dormir.

Instabilidade postural: dificuldade em equilibrar-se.

Levodopa: uma medicação usada para DP. O corpo usa levodopa para produzir *dopamina*.

Micrografia: escrita pequena e apertada.

Motor: relativo a movimento. Caminhar, correr, escrever e desenhar são exemplos de atividades motoras.

Neurológico: tem a ver com o cérebro, os nervos e o sistema nervoso. Parkinson é uma doença neurológica.

Neurologista: médico que ajuda as pessoas quando seus cérebros não estão funcionando de maneira adequada.

Neurônios: tipo de célula encontrada no cérebro e sistema nervoso. Um tipo de neurônio produz a *dopamina.*

Neurotransmissores: agentes químicos que o cérebro usa para certificar-se que todas as partes do corpo estão funcionando de maneira adequada. A *dopamina* é um neurotransmissor.

Paralisia pseudobulbar: riso ou choro súbito e incontrolado que pode estar de acordo com o que a pessoa realmente está sentindo ou que pode ser intenso demais para a situação.

Progressivo: que avança em uma série de passos ou estágios. Parkinson é uma doença progressiva. Há várias maneiras de observar se a DP está progredindo.

Resistência em cano de chumbo: um dos dois tipos de músculos rijos que ocorrem com a DP. A rigidez em cano de chumbo parece um esforço contínuo e suave quando alguém tenta mover o braço ou a perna de uma pessoa com DP. É diferente da *resistência em roda dentada.*

Resistência em roda dentada: um dos dois tipos de músculos rijos que ocorrem com a DP. Diferentemente da *resistência em cano de chumbo*, a rigidez em roda dentada não é uniforme. Ela é intermitente e irregular. Quando alguém tenta mover o braço ou perna de uma pessoa com DP que tem a resistência em roda dentada, a maneira

GLOSSÁRIO

que seus músculos se mexem lembra um carro dirigindo sobre uma estrada irregular.

Rolar pílulas: um tipo de *tremor* em que o polegar e os dedos se esfregam como se a pessoa estivesse rolando uma pílula entre eles.

Rosto inexpressivo: mostrar pouca ou nenhuma expressão facial.

Substância negra: uma parte do cérebro que produz *dopamina*. Está localizada no gânglio basal.

Wearing-off: o período entre doses de medicação para a DP quando os sintomas retornam porque a dose atual está passando (*wearing-off*) e a próxima ainda não começou a produzir efeito.

ORGANIZAÇÕES RECOMENDADAS

ORGANIZAÇÕES RECOMENDADAS

ASSOCIAÇÃO BRASIL PARKINSON (ABP)
Av. Bosque da Saúde, 1.155
04142-092 - São Paulo (SP)
Tel. (11) 2578-8177
parkinson@parkinson.org.br

ASSOCIAÇÃO PARKINSON NÚCLEO PIRACICABA
R. Baronesa Dona Rita, 248 Bairro Nova
   Americana
13417-760 – Piracicaba (SP)
Tel. (19) 3426-0787
colibri.parkinson@terra.com.br

ASSOCIAÇÃO BAHIANA DE PARKINSON E
ALZHEIMER (ABAPAZ)
R. Prof. Francisco da Conceição Menezes, 3 Rio
   Vermelho
41950-470 – Salvador (BA)
Tel. (71) 3347-0143
abapazapoio@yahoo.com.br

ASSOCIAÇÃO NORTE CATARINENSE DOS
PORTADORES DE PARKINSON (ANCPP)
R. Paulo Linzmeeyer, 146 – Oxford
89285-610 – São Bento do Sul (SC)
ancpp@ymail.com

ASSOCIAÇÃO CAMPINAS PARKINSON (ACP)
Rua Jaime Sequier, 752
Parque Taquaral
13087-140 – Campinas (SP)
Tel. (19) 9792-6233
omarrodrigues@uol.com.br

ASSOCIAÇÃO CAPIXABA PARKISNON
Rua Miguel Jantorno, 280 – Sta. Cecília
29043-220 Vitória (ES)
parkinsones@yahoo.com.br

ASSOCIAÇÃO PARANAENSE DOS PORTADORES DE PARKINSON (APPP)
R Silva Jardim, 3.180 Água Verde
80240-020 – Curitiba (PR)
Tel. (41) 3014-5617e (41) 3014-5618
diretoria@appp.com.br

ASSOCIAÇÃO PARKINSON BRASÍLIA
SQS. 207 – Bloco C. Apto. 302 – Asa Sul
70253-030 – Brasília (DF)
Tel. (61) 3242-0621
parkinsonbsb@gmail.com

ASSOCIAÇÃO PARKINSON SANTA CATARINA (APASC)
Av. Desembargador Victor Lima, 145
NETI/UFSC – Campus Universitário – Bairro Trindade

ORGANIZAÇÕES RECOMENDADAS

88040-400 – Florianópolis (SC)
Tel. (48) 3721-9909
parkinson@floripa.com.br

ASSOCIAÇÃO PARKINSON DA BAIXADA SANTISTA (GRUPO LÓTUS)
Av. Conselheiro Nébias, 368 sala 203
São Vicente (SP)
Tel. (13) 997114827
marciasfreis@gmail.com

ASSOCIAÇÃO PARKINSON DO RIO GRANDE DO SUL (APARS)
Av. Cirne Lima, 454 Bairro Trindade
91530-310- Porto Alegre (RS)
Tel. (51) 3339-0922
e angelampgarcia@yahoo.com.br

ASSOCIAÇÃO PARKINSON DO TRIÂNGULO
Avenida Brasil, 4.903 Bairro Umuarama
38405-312 – Uberlândia (MG)
Tel. (34) 3227-1966

ASSOCIAÇÃO PARKINSON PIRAJU
R. Cap. Maximiliano Santos Guerra, 184 Vila Jurumirim
18800-000 – Piraju (SP)
Tel. (14) 3351-1451
cleimagb@yahoo.com.br

ASSOCIAÇÃO PELOTENSE DE PARKINSONIANOS
Rua Presidente José Correa – Sala da Prefeitura
Casa dos Conselheiros
96020-040 – Pelotas (RS)
Tel. (53) 32783994 e (53) 32221888

GRUPARKINSON MG – INSTITUTO PARKINSONIANO
DE MINAS GERAIS
Rua 68, nº 675 Bairro Novo Horizonte
35180-200 – Timóteo (MG)
Tel. (31) 3848-6695
gervasiopierre@ig.com.br

ASSOCIAÇÃO PARKINSON CANOAS
Rua Visconde de Inhaúma, 106
92420-590 – Canoas (RS)
Tel. (51) 3477-5396
milton.ferraz@terra.com.br

ASSOCIAÇÃO MISSIONEIRA DE PARKINSON
Travessa Fernando Ferrari, 288
98803-370 – Santo Ângelo (RS)
Tel. (55) 99396501

ASSOCIAÇÃO PRÓ-PARKINSON JUNDIAÍ
Rua Henfil, 66
13208-063 – Jundiaí (SP)
s.conti@ymail.com

GRUPARKINSON DA BAHIA
Rua Heitor Dias, 41 Boca do Rio

ORGANIZAÇÕES RECOMENDADAS

41710-745 – Salvador (BA)
gruparkinson@gmail.com

ASSOCIAÇÃO PARKINSON SERGIPE
associaçaodosparkinsonianos@hotmail.com
Contato: Selma Peres - selmaperes98@hotmail.com

GRUPO DE AJUDA PARKINSON NITERÓI
Estrada Velha de Maricá, 4.650 – Rio do Ouro
24330-000 – Niterói (RJ)
Tel. (21) 2616-3424
reginampereira@ig.com.br

ASSOCIAÇÃO DOS PORTADORES DE PARKINSON DE VOLTA REDONDA
R. Vereador Aristides M. Silva, 252 – Limoeiro
27281-380 – Volta Redonda (RJ)
helenice.soares@uol.com.br

ASSOCIAÇÃO PARKINSON DE MINAS GERAIS (ASPARMIG)
Rua Cristina, 1160 Bairro Santo Antonio
30330-228 – Belo Horizonte (MG)
asparmig@asparmig.org

ASSOCIAÇÃO PARKINSON MACAÉ
Rua Dr. Bueno, 190 – Imbitiba
27913-190 – Macaé (RJ)
Tel. (22) 2759-9504
aristophanesmacae@gmail.com

 **O Que o Seu Médico Não Sabe sobre Medicina Nutricional Pode Estar Matando Você**
Ray D. Strand, M.D.

Revolucionário, o livro escrito pelo médico Dr. Ray Strand apresenta medidas simples que você pode adotar para proteger sua saúde, tanto no presente como no futuro – e até reverter males e enfermidades que porventura já existam. Segundo o autor, o livro, baseado em estudos de evidências científicas, tem como propósito educar. "Assim, ninguém deve usar as informações nele contidas para autodiagnósticos e tratamentos, nem como justificativa para aceitar ou rejeitar qualquer terapia médica para quaisquer doenças ou problemas de saúde", alerta o autor.

Baseando-se em pesquisas extensivas, extraídas de mais de 1.300 estudos clínicos Ray D. Strand, esclarece o papel crítico que a medicina nutricional desempenha em retardar o processo de envelhecimento e em recuperar a saúde, mesmo após a devastação provocada por enfermidades como diabetes, câncer, doenças do coração, fadiga crônica, esclerose múltipla e muitas outras.

O Que Seu Médico Não Sabe sobre Medicina Nutricional Pode Estar Matando Você vai ensinar:
• Por que as doses diárias de nutrientes-chaves recomendadas não preparam as defesas naturais de seu corpo para protegê-lo de doenças e quais as quantidades de que você realmente precisa;
• Como o oxigênio e seus derivados podem causar estragos em seu corpo e o que você deve fazer para reparar o dano;
• Por que o nível de seu colesterol NÃO é o segredo para protegê-lo de doenças do coração;
• Como você pode combater alergias e sinusites constantes;
Por que os remédios que seu médico pode receitar não são a melhor defesa contra doenças degenerativas crônicas.

Veja como colher os benefícios de descobertas de ponta na Nutrologia; como usar medicamentos como último recurso, e não como primeira opção; o que as evidências médicas realmente indicam sobre as causas do câncer, do diabetes, da artrite, do mal de Alzheimer, da fibromialgia e de muitas outras, além de ensinar qual a melhor estratégia contra o envelhecimento e como se proteger do lado negro do oxigênio.

Enfrentando Doenças do Coração
Larry King

Depois de passar pelo susto de enfrentar uma cirurgia de vascularização do coração, o apresentador do Larry King Live, decidiu publicar o livro *Enfrentando doenças do coração*, editado no Brasil pela M.Books. O livro foi escrito por personalidades que, depois de passarem pela mesma situação, repensaram sobre o valor da vida quando estavam prestes à perdê-la.

Enfrentando doenças do coração foi escrito por um dos mais famosos apresentadores de televisão dos Estados Unidos, Larry King, que teve a idéia de publicar uma obra sobre doenças cardíacas depois de sofrer um ataque cardíaco e passar por uma cirurgia de revascularização.

Apesar dos avanços da medicina o índice de doenças cardíacas está cada vez mais elevado na população mundial. De acordo com o médico cardiologista responsável pela cirurgia de King, Wayne Isom, é comum que pessoas que nunca encontram tempo para nada e estão sempre envolvidas com o trabalho param para refletir sobre tudo o que fizeram, quando se encontram em uma maca a caminho da cirurgia. Depois do susto, as pessoas "dão outro sentido à vida, encarando-a de forma diferente e planejando o amanhã", diz Isom.

O livro foi baseado em quatro atitudes básicas para enfrentar o aparecimento de qualquer doença: prestar atenção aos sinais de aviso e aos sintomas; obter diagnóstico preciso e entender as opções de tratamento; empenhar-se no processo de recuperação e entender que a vida continuará; aceitar as mudanças necessárias no estilo de vida.

Para escrever cada capítulo foram convidadas personalidades que tiveram problemas no coração e tiveram de deixar a profissão um pouco de lado para se dedicar ao tratamento. Dentre elas estão Peggy Fleming (patinadora), Brian Littreill (vocalista da banda Backstreet Boys), Mike Ditka (ex-jogador de football americano), Walter Cronkite (âncora da CBS), Joyce Carol Oates (romancista norte-americana) e Tommy Lasorda (treinador da equipe de baseball Los Angeles Dodgers).

Nutrição Para Doença de Alzheimer
Dra. Fernanda Santos Thomaz e
Profa. Dra. Renata Furlan Viebig

O livro que complementa os conhecimentos de profissionais de saúde e cuidadores, de forma a proporcionar ferramentas que melhorem o desenvolvimento de planejamentos alimentares equilibrados, direcionados à prevenção e ao tratamento da Doença de Alzheimer.

Recentemente, a Doença de Alzheimer (DA) tem sido objeto de interesse da comunidade científica, em especial o possível papel da nutrição no seu tratamento e prevenção, este livro tem como intuito proporcionar um aprofundamento maior sobre está doença e mostrar como a nutrição pode melhorar a qualidade de vida dos portadores desta doença.

Esta obra foi cuidadosamente elaborada, baseada na literatura científica disponível, com ênfase nos fatores que interferem no estado nutricional dos portadores da Doença de Alzheimer, bem como sobre os cuidados alimentares específicos na enfermidade.

Hepatite C - Minha História de Vida
Natalia Mira de Assumpção Werutsky

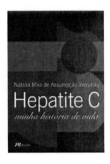

Este livro além de relatar uma experiência de vida, traz luz e ensinamentos sobre hábitos alimentares aos portadores do vírus da Hepatite C, para que tenham uma qualidade de vida melhor.

Aos 24 anos de idade, no momento de iniciar uma carreira profissional, Natalia foi diagnosticada como portadora do vírus da hepatite C (HCV). Ela havia concluído o curso de Administração de Empresas na Fundação Armando Álvares Penteado - FAAP e curiosamente iniciaria um novo curso superior em Nutrição no Centro Universitário São Camilo. O diagnóstico fez com que ela adaptasse sua vida às novas condições e mergulhasse fundo nos conhecimentos sobre nutrição e sobre a hepatite C. Este livro, além de relatar uma experiência de vida, traz luz e ensinamento sobre a hepatite C, incluindo hábitos alimentares e cuidados a serem tomados pelos portadores da doença, para que tenham uma qualidade de vida melhor.

Após a conclusão do curso, Natalia queria concretizar o sonho de ir para Nova Zelândia para estudar inglês. Nesse período ela já havia perdido 14 quilos e sofria de amenorréia (ausência do período menstrual). Depois de procurar vários médicos e realizar diversos exames, sem que nenhuma anormalidade fosse detectada, decidiu viajar. Durante os três meses que passou no exterior emagreceu ainda mais e a amenorréia continuava.

De volta ao Brasil, realizou exames específicos e teve, em fevereiro de 2003, o diagnóstico da hepatite C. Casada há pouco mais de um ano, a autora relata que sentiu que todos os seus sonhos poderiam ser interrompidos. Decidiu, então, buscar no conhecimento da doença e principalmente na Nutrição as bases para enfrentar a doença e a esperança de alcançar a imunidade ao vírus.

Hepatite C – Eu Venci!
Natalia Mira de Assumpção Werutsky

Em 2006, Natalia publicou o livro *Hepatite C – Minha História de Vida* no qual declarava ser portadora de hepatite C e relatava experiências e ensinamentos sobre hábitos alimentares e de vida que estavam ajudando-a a suportar e conviver com a doença.

Em 2010, após passar por 1 ano de difícil tratamento com Interferon Peguilado e Ribavirina ela conta em seu novo livro *Hepatite C – Eu Venci!* como conviveu e suportou os efeitos colaterais produzidos pelos medicamentos, até os resultados de "não detectável" obtidos em todos os exames que tem feito desde a 4ª semana de tratamento. Natalia inclui um Diário pessoal narrando suas experiências e reações aos efeitos colaterais, seu comportamento emocional e espiritual importantes para manter-se equilibrada e confiante na cura.

O texto é profundo e rico em informações nutricionais úteis para ajudar a suportar os períodos pré, durante e pós-tratamento. Inclui depoimentos importantes do médico e da psicóloga que acompanharam o tratamento e que proporcionam uma visão psicológica e médica de todo o processo até a alegria da cura. Inclui também depoimentos de familiares e amigos que mostram a importância do envolvimento de todos.

O livro é um facho de luz e de esperança para todos os portadores de Hepatite C. Seu objetivo é levar informação consistente e de qualidade aos portadores de HCV, seus familiares e profissionais da saúde para que estes possam usar este conhecimento como mais um suporte para enfrentar a Hepatite C com a atenção e os cuidados que merece.

Sou Disléxico... E Daí?
Hélio Magri Filho

Sou Disléxico, e Daí? é leitura obrigatória para pais, educadores, profissionais nas áreas de psicologia e saúde, e para os pacientes com transtornos e síndromes relatados neste livro, em idades de compreensão adequadas.

O autor relata neste texto toda uma convivência com os transtornos de dislexia, discalculia, TDAH e síndrome de Irlen. Narra ainda as dificuldades que enfrentou na infância, na adolescência e na sua vida adulta.

Em um texto bem humorado, acessível e muito positivo, Hélio mostra como tem suplantado com otimismo e alegria todos os desafios a cada etapa de sua vida.

O livro traz luz aos portadores destes transtornos e para as pessoas que convivem com eles.

A proposta do texto é mostrar que apesar de todas as dificuldades apresentadas, é possível atingir objetivos pessoais e profissionais e ser feliz.